PROJET

DE

CANAUX MARITIMES

ET D'EAU DOUCE

A TRAVERS L'EUROPE

TEXTE ET PLANS

PAR

ALC. MATHIEU

ASSOCIÉ FONDATEUR DES MINES DE DOUCHY ET COURRIÈRES.

PARIS

J. BAUDRY, LIBRAIRE-ÉDITEUR

15, RUE DES SAINTS-PÈRES

—

1880

PROJET

DE

CANAUX MARITIMES

ET D'EAU DOUCE

A. Quantin imprimeur
r. S. Benoit, 7, à Paris

PROJET

DE

CANAUX MARITIMES

ET D'EAU DOUCE

A TRAVERS L'EUROPE

CHAPITRE IER

CONSIDÉRATIONS GÉNÉRALES

L'étude de l'histoire et des arts nous fait connaître les grands travaux, les merveilles du monde exécutées dans l'antiquité, lorsque le genre humain était sous la domination de monarchies absolues, gouvernant la terre sous les noms superbes de satrapes, de tyrans, de césars ; aussi la plupart des grandes entreprises étaient-elles enfantées par des volontés despotiques, plus pour flatter l'amour-propre, l'orgueil de puissants autocrates et leur assurer un nom immortel, que pour donner à leurs peuples les moyens d'être plus heureux et plus fortunés. Il faut en excepter cependant le canal de Ptolémée en Égypte, qui amena un certain progrès commercial, un bien-être relatif au temps où il existait; le canal souterrain près d'un lac italien, que Claude et Agrippine inaugurèrent en cérémonie et au milieu des jeux et des fêtes, et celui d'Ostie à Rome, fondé par le même empereur. Quant aux autres œuvres, telles que les jardins suspendus de Babylone, le temple de Salomon, le tombeau de Mausole, les pyramides même d'Égypte, bien insuffisantes pour arrêter le sable du désert, et autres merveilles de la Grèce, de la Sicile et de Carthage, elles portent en général le cachet de la tradition tyrannique se perpétuant d'âge en âge, enfermant les peuples dans le cercle fatal d'ignorance barbare, de guerres, de conspirations, d'invasions, comme le prouvent la grande muraille de la Chine, construite pour arrêter les attaques de barbares voisins, celles plus récentes de César en Calédonie, et de Trajan au bord du Pont-Euxin.

Aux tyrannies antiques succéda, sans plus d'avenir prospère pour les populations en Europe, la féodalité avec son système de dîmes, de corvées, de droits seigneuriaux; tout essor vers de grands travaux publics était paralysé par le manque d'éducation, de moyens et d'esprit d'initiative; les seuls résultats connus à cette époque furent le fruit des lumières que les croisés acquirent en Orient et mirent en pratique à leur retour.

Avec le XVIIIe siècle, l'esprit se développe, des moyens économiques et financiers, premiers principes de la vie future de notre siècle, sont mis en avant; tout se prépare pour un grand mouvement, mais cet esprit sera plus politique et social qu'industriel et commercial; il faut l'arrivée du XIXe siècle pour faire comprendre partout le génie du travail, du commerce et de la liberté; pour faire naître le progrès social par l'éducation, la propagation des sciences diverses et l'initiative personnelle, par les ressources de la propriété, qui s'est si heureusement développée depuis. Dès lors, les entreprises croissent avec l'intelligence et les moyens, augmentent la puissance, les ressources et donnent une extension nouvelle à l'agriculture et à l'industrie, enrichissent les masses et l'État; de là un plus grand nombre de besoins, une consommation plus grande, un besoin d'activité et de débouchés qu'il faut étendre et satisfaire; c'est ce que l'esprit d'initiative des gouvernements et des législateurs comprend et encourage heureusement et habilement, par l'autorisation de concessions de voies nouvelles par eau et l'établissement de voies ferrées, devenues des nécessités de premier ordre, moyens puissants qui doivent s'étendre encore et toujours, pour faire circuler la vie non seulement entre les provinces des États, mais encore entre ces États eux-mêmes, et créer cette loi moderne, éternelle désormais, d'échanger les produits en donnant des ressources certaines au travail universel, en unissant les concitoyens, les nationaux, les peuples de l'Europe, en reliant les continents eux-mêmes par des lignes rapides de navigation à vapeur de plus en plus puissante.

C'est ainsi que les nations en retard parviennent à lutter contre les deux nations les plus commerçantes du monde, l'Angleterre et l'Amérique du Nord, à donner à leur exportation et par suite à leur importation, au transit même, une extension considérable, à produire aussi à bon marché pour soutenir, coûte que coûte, une concurrence formidable; aussi leurs gouvernements, leurs souverains, leurs législateurs, en leur donnant sans marchander et sans tarder tous les moyens de rapidité, de facilité, les mettent-elles à même de soutenir la lutte autant que possible, de maintenir le travail national et l'excellence des produits spéciaux des industries indigènes renommés à juste titre. Rien n'est épargné dans ce but; aux études, aux écoles spéciales, aux missions scientifiques des ministères compétents, nous voyons s'adjoindre l'établissement périodique des expositions universelles destinées à faire connaître aux peuples le niveau actuel du travail général, à l'élever encore par des inventions nouvelles, des systèmes plus heureux, plus expéditifs, plus économiques; source d'activité et de prospérité pour tous les peuples de plus en plus unis, non seulement par ces relations commerciales d'échanges et d'intérêts matériels, mais encore par la lice morale, spirituelle, bienfaisante et scientifique, ouverte entre eux dans les autres branches intellectuelles, telles que les systèmes scolaires, les écoles professionnelles, le progrès dans les beaux-arts, la littérature, les langues, les connaissances utiles, etc., dans ces palais immenses du progrès universel qu'on peut appeler les temples du monde.

En voyant ces progrès rapides par ces sages mesures et la prévoyance des gouvernants s'étendre encore et remplacer la routine, maintenir l'équilibre entre l'ordre moral et l'ordre intellectuel, on est amené à désirer encore d'autres moyens propres à les développer pour l'avenir du monde; pour en assurer la sécurité, il faut alimenter l'industrie et l'agriculture sa sœur, fournir plus de ressource aux budgets respectifs et spéciaux; étendre, multiplier avec des traités de commerce réciproquement ces avantages; en éterniser, en accroître les profits avec la durée; en un mot, couronner l'édifice en rendant ainsi les guerres impossibles par la force et l'importance des intérêts liant les peuples entre eux, les rendant solidaires, les mettant dans cette situation absolue de ne pouvoir faire la guerre sans se nuire d'abord énormément à eux-mêmes.

De cette manière sans doute l'a compris notre très honorable M. de Lesseps quand il a entrepris et su mener à bonne fin, malgré tant de tracas, le canal maritime de Suez; quand il entreprend une œuvre pareille, et qu'on le voit, athlète infatigable, traverser cette fois l'Océan pour le triomphe d'intérêts internationaux, procéder avec une glorieuse société de savants ingénieurs au tracé d'un canal interocéanique et résoudre son exécution sans tunnels, ce qui est un premier avantage qui assure son succès. Animé par un si digne exemple et la même conviction des besoins d'extension commerciale parmi les peuples, certain que les grands travaux de l'Angleterre, de l'Amérique, de l'Égypte, etc., ne peuvent qu'être utiles, et doivent être imités par la vieille Europe pour assurer le sort de ses populations, rassuré sur l'exécution du traité de Berlin, sur l'émancipation des principautés danubiennes, nous donnons, avec l'espoir de la paix assurée, un projet de canaux maritimes et d'eau douce à travers notre continent, canaux destinés (comme on le voit sur la carte, pl. I) à relier l'Océan à la mer Caspienne par la France, l'Italie, l'Autriche-Hongrie, les principautés, la Russie, le Caucase; système devant former une chaîne heureuse entre les peuples et appeler même par cette ligue pacifique les populations lointaines pour leur bien à la prospérité générale, à cette union d'intérêts permanents.

CHAPITRE II

PARCOURS DES CANAUX PROJETÉS ET SOLUTIONS DES DIFFICULTÉS

Comme tout canal doit y tendre, nos canaux maritimes et d'eau douce ont pour but d'abréger les distances, de donner des débouchés, d'amener le travail et les ressources dans des pays nouveaux et pauvres, nécessité des temps modernes où le temps lui-même est si précieux, et doivent par un système de service accéléré à vapeur permettre aux navires d'un type marchand des plus convenables de se transporter partout à leur destination sans rencontrer retards et encombrements; la célérité est partout d'ailleurs à l'ordre du jour.

Desservir aussi le plus de nations, le plus de contrées possible, est le corollaire de cette loi de la rapidité; nous nous en sommes occupé; ces grandes questions regardant surtout l'Angleterre, comme ayant le plus fort commerce maritime du monde, nous croyons donc qu'elle appuiera, commanditera au besoin l'étude préliminaire et la construction des canaux nouveaux destinés à un type de vaisseau de commerce spécial, comme nous en montrons un spécimen (pl. VIII) commode pour le système d'accélération, et pouvant prendre la mer comme bâtiment de quatrième ou cinquième ordre commercial.

C'est à ces fins et aussi pour l'avantage des autres puissances maritimes, et d'autres qui pourront le devenir, que nous donnons d'abord deux embranchements maritimes à la France : l'un, plus près de l'Angleterre, prendrait de Saint-Malo, longerait la Rance jusqu'à Saint-Méan, irait à Montfort, à Ploërmel, passant l'Oust canalisée (ou canal de Brest à Nantes), de là atteindrait à Elven, puis à Vannes et à son port agrandi; l'autre, s'ouvrant sur l'Océan à la pointe de Graves par les dunes, desservirait tout le pays vinicole en prenant de Graves, de Castillon à Médoc; après avoir passé derrière Pauillac, il atteindrait les docks de Bordeaux triplés, longerait la Garonne jusqu'à Langon, arriverait au canal du Midi, le laisserait sur le côté à gauche, traverserait les deux rivières le Gers et sa voisine, et, venant à Castel-Sarrazin, passerait à travers les deux rivières précédant la Save dans la direction de la Méditerranée, à Grenade, longeant la rivière suivante jusqu'à Toulouse; puis, traversant le canal du Midi qui va à Saint-Martory, il traverserait aussi l'Ariège, puis la rivière suivante pour arriver à Castelnaudary, passant aussi derrière Carcassonne pour aller traverser le canal du Midi de nouveau jusqu'à Azille et de là à Béziers; enfin, traversant l'Orb et l'Hérault, il arriverait à Mèze et plongerait enfin ses eaux dans celles du port très propice de Cette et de la Méditerranée.

Nous indiquons ici, comme nous indiquerons pour les autres nations, les tracés qui nous semblent les plus favorables et les plus courts; on pourra les modifier sans doute pour des

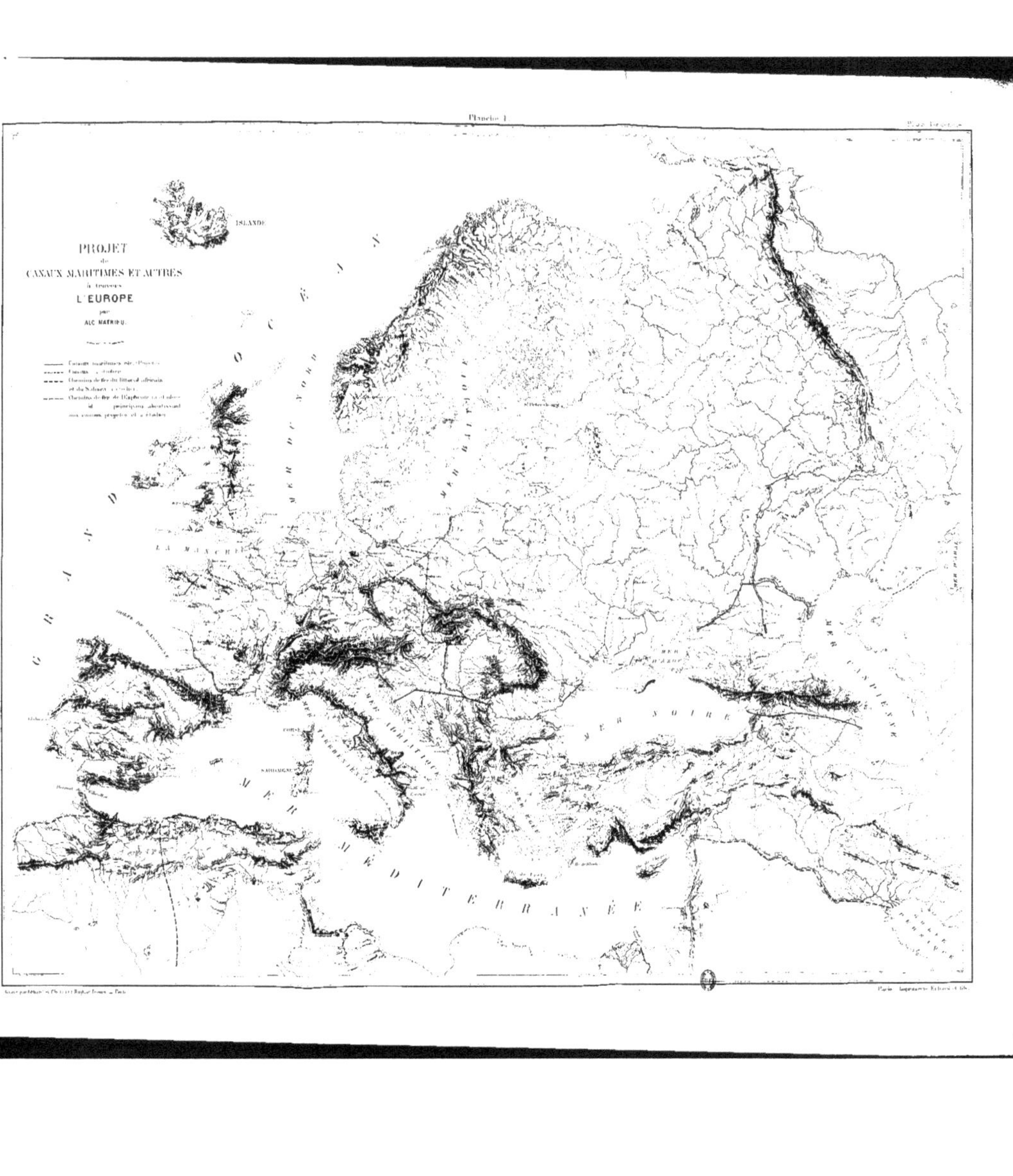
Planche 1
PROJET
de
CANAUX MARITIMES ET AUTRES
à travers
L'EUROPE
par
ALC MATRIEU
ISLANDE
GRAND OCÉAN
MER DU NORD
MER BALTIQUE
LA MANCHE
CORSE
SARDAIGNE
MER ADRIATIQUE
MER NOIRE
MER D'AZOF
MER CASPIENNE
MER MÉDITERRANÉE

raisons diverses: on remarquera que c'est à cause de l'emblavement de la Gironde que le canal prend à la pointe de Graves; mais, pour les tracés comme pour les prises d'eau, les emprunts à faire aux rivières et le mode d'alimentation des canaux, tout cela sera étudié pour le mieux par des commissions spéciales de chacun des États traversés par la grande voie maritime, et leurs rapports seront examinés, amendés et adoptés ensuite dans une entente générale entre les nations intéressées et dont nous parlons au chapitre suivant.

Le canal maritime du centre de l'Italie (nous lui en donnons un second dans la province napolitaine) serait relativement assez long, mais desservirait les provinces les plus belles et les plus riches et où l'agriculture et l'industrie sont déjà avancées; il prendrait à Ostie où il trouverait les vestiges de l'ancien canal romain; de là, pour un autre avantage, les terres et les roches seraient transportées, au fur et à mesure des creusements effectués, jusqu'au-dessus de Rome, dans la direction de Corte, aux Marais-Pontins, pour y être versées à une hauteur déterminée et relative à la masse de terrassements à opérer; des chemins de fer spéciaux serviraient à cette opération qui aurait pour résultat d'assainir cette partie désolée, de donner de nouveaux produits aux habitants et des revenus nouveaux à l'Italie; de l'ancien canal de Claude, le canal maritime plus large arriverait à Rome, auprès du mont Aventin, au pied duquel trois ports seraient creusés (un royal, un municipal, un international avec docks, magasins, bureaux d'administration, etc.); sur le mont Aventin aplani, un Acropolis national serait bâti (voir pl. XII); des ports de Rome, le canal irait (moins large cette fois, mais toujours suffisant pour le type des navires à vapeur et en fer marchands choisi et adopté partout) à Orte; de là il suivrait la Nera (en évitant les chutes du Velino, en ordonnant les travaux de manière à ne pas porter obstacle à la concession accordée à M. Vescovali pour ses moteurs sur la Nera) jusqu'à Narni et Terni; de là il arriverait à Arrone, à Ponte, passant au nord d'Offagna, à Montesicuro, pour rejoindre Ancône et ses ports qu'on pourrait dire tout disposés pour cela, et mêler les eaux des mers Tyrrhénienne et Adriatique. Le second canal au midi, destiné aux navires venant de Suez, à ceux allant à Naples, etc., partirait du golfe de Tarente, longerait le Bradano en lui prenant ses eaux au besoin, puis irait directement à l'est de Salerne, pour desservir des docks nouveaux à cet endroit, et, passant entre Castellamare et le Vésuve, se jetterait dans le golfe spacieux de Naples. (Voir la carte, pl. I.) L'Autriche-Hongrie aurait plus de dépenses à faire, mais elle recevrait de grandes compensations; ces compensations sont : 1° une plus longue et plus considérable navigation sur le Danube, de la Moldava au Danube, à Vienne; puis de là à Pesth et à Belgrade, par suite de la création dans l'empire germanique d'un grand tronçon des canaux du nord pour la batellerie; ce tronçon unirait la Vistule et Bromberg à la Wartha à Posen, la Wartha et l'Oder à Glogau (voyez pl. I), allant en ligne droite rejoindre le Danube à l'est de Vienne à Presbourg. D'autres bras iraient à Dresde et à Berlin; nul doute que l'empire allemand, en voyant l'importance du grand canal maritime de l'Adriatique à la mer Noire, ne se décide à l'entreprendre pour activer le commerce et empêcher les émigrations; 2° une autre compensation serait dans les dépenses à effectuer; en effet une partie incomberait, au prorata de l'importance de ces États, aux principautés danubiennes et à la Russie elle-même pour sa province nouvelle, la Dobroudja; quant au tracé indiqué sur la carte, il prendrait sur la côte d'Illyrie au point le plus en face d'Ancône, passerait à travers les Alpes Dinariques en ligne droite pour arriver directement à la Save, que le canal longerait et couperait plusieurs fois pour raccourcir, pour atteindre le Danube à Belgrade; le Danube serait rendu navigable partout et pour toutes les saisons, et, pour abréger encore son parcours, on pourrait creuser un canal maritime directement du coude qu'il fait au midi (voir la carte, pl. I) vers la mer Noire.

Le besoin d'une navigation active se fait bien plus sentir encore au midi de l'empire russe, où il y a trois grands fleuves, le Dniéper, le Don, le Volga, et trois mers, celle de la mer Noire, celle d'Azof et la mer Caspienne; déjà, par Odessa, la Russie est en rapport depuis longtemps avec toutes les nations maritimes. Nos projets ne peuvent que tripler au moins l'importance actuelle des exportations et importations, les transits de ce côté. Le Dniéper lui-même pourrait être rendu navigable par des canaux tournant les cataractes de ce fleuve; d'autres canaux d'eau douce pourraient rejoindre ce fleuve avec le système de navigation accélérée de jour et de nuit, comme on le pratiquerait aussi en Allemagne et ailleurs, s'il en était besoin. Quant au Don, il se relierait par un premier canal maritime, après avoir été rendu navigable en tout temps, au Volga, à Tzaritzin, en partant du point droit à cette ville et à l'est. Le Volga lui-même, malgré son courant, que déjà, en 1762, un Français, Cordebard, parvint à ralentir, serait rendu navigable de même et fournirait d'amples et nombreux points de commerce aux vaisseaux de notre type; bien plus, la différence de niveau entre les deux fleuves assurerait une pente assez grande au canal maritime cité pour éviter de construire beaucoup d'écluses; par un second canal maritime (voir pl. I), on relierait la mer Noire à la mer Caspienne par Poti, les navires de la force adoptée partout remonteraient en droite ligne vers le Kour, que le canal maritime longerait en lui prenant toutes ses eaux au besoin, raccourcissant où l'on peut, et enfin entreraient à l'embouchure du Kour dans la mer Caspienne, offrant ainsi un moyen sûr de commercer, de cultiver, d'entreprendre, de trafiquer, de naviguer à leur tour, non seulement aux populations indigènes, mais encore aux peuplades du Turkestan, de l'Amou-Daria, par un canal de cette mer à la mer d'Aral, et à la Perse elle-même, et donnant une navigation nouvelle et active, pour le profit de l'empire, aux rives de l'ancien Oxus.

On se demandera peut-être : Pourquoi ces tracés plutôt que d'autres à travers l'Europe? C'est que : 1° le midi des États est moins favorisé que le nord sous le rapport de l'industrie et du progrès en général; 2° que la France et l'Italie se trouveront équilibrées partout : au nord par les réseaux de chemins de fer; au centre, par la Loire pour la France et le canal maritime central pour l'Italie; au midi, par le Rhône et le canal maritime pour la France; pour l'Italie, par le canal maritime du golfe de Tarente au golfe de Naples et les chemins de fer de Brindisi et Reggio; 3° qu'il y a plus de nations à desservir; 4° qu'ils sont non seulement destinés à la prospérité des pays désignés, mais encore au service des navires de la force moyenne qui reviennent des ports de Syrie, de Suez, de la Grèce, de l'Asie Mineure, de Tunis et d'Algérie, pour la satisfaction d'intérêts multiples; 5° parce qu'ils abrègent la route;

Planche 11.

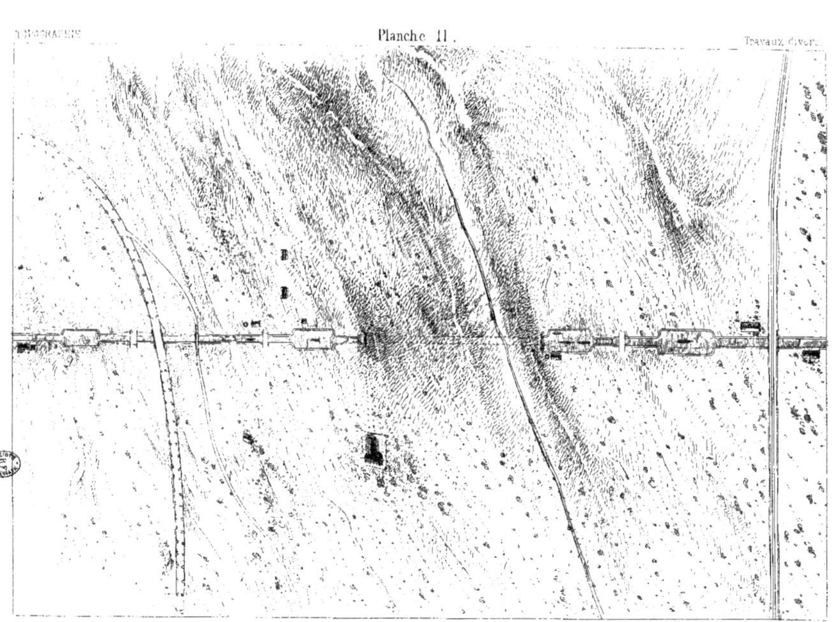

Aut. Imp. J. Brose & Courtier 43 R. de Dunkerque. Paris.

6° parce qu'ils donneront lieu à la fondation de plus de cités nouvelles, de ports et d'entrepôts, sources de produits pour le commerce et pour le fisc en tous lieux.

On dira : Mais comment exploiter ces canaux, si par suite d'un hiver rigoureux ils viennent à être gelés? Nous répondrons que, situés dans des parties méridionales, cela ne leur arrivera pas souvent; en tout cas, des appareils à briser la glace (voir pl. VI), fonctionnant concurremment et sans obstacles avec d'autres services, briseront facilement cette glace ainsi que des navires spéciaux en d'autres lieux et en d'autres canaux; que les canaux maritimes seront souvent souterrains, et que la glace plus ou moins dure ne sera jamais un obstacle à la grande navigation.

On se demandera sans doute aussi : comment donner de l'eau, du courant dans tous ces parcours, éclairer les souterrains, garer les convois allant en deux sens et se rencontrant? comment donner de l'air? Nous dirons, laissant la tâche de mieux faire que nous aux commissions spéciales des ingénieurs habiles choisis par les diverses nations : 1° pour l'eau, principal élément dans l'entreprise, outre la plus grande somme fournie par la mer par suite de la pente à donner aux embranchements, le canal (voir pl. X) dans tous les parcours rencontrera, comme nous le montrons (planches II et V), non seulement des sources, des torrents, des rivières dont il pourra prendre les eaux, mais encore des canaux d'eau douce qui mêleront leurs eaux aux siennes; qu'il en trouvera, d'autre part, dans l'établissement, selon les nécessités, de puits artésiens, de machines à élever, de siphons, d'aqueducs, de turbines amenant d'autres eaux en quantités diverses (voir pl. III et IV); que le courant sera entretenu par toutes ces irruptions calculées pour donner plus de courant encore et, qu'il sera en outre activé par des écluses, dont les distances seront en rapport avec ce besoin comme nous en donnons une idée sommaire (voir pl. II, III, X et XI), lesquelles écluses, tant en plein air que dans les souterrains où nous ménageons des retraites pour leur service, seront manœuvrées partout suivant les conditions convenues par des hommes d'équipe, qui seront toujours sur le ou les remorqueurs de tous les convois et remonteront ensuite, la besogne étant terminée, pour en faire autant plus loin (voir pl. II, III, X et XI); 2° que l'éclairage dans les souterrains sera fourni par le gaz, quand ils se trouveront dans le voisinage des villes, et par des machines électriques avec les systèmes nouveaux et à verre dépoli pour ne pas offusquer et marins et ouvriers dans les manœuvres ou travaux; ces machines seront placées sur les remorqueurs et tournées vers les navires qu'ils traînent (voir pl. IV); 3° que l'air ne manquera pas dans les souterrains par suite de l'établissement de ventilateurs à vapeur et de puits d'aérage, construits suivant les besoins et la quantité métrique d'air à donner aux espaces voûtés, et qu'il y sera toujours entretenu dans les meilleures conditions, et toujours dans le même sens (voir pl. IX); 4° que le garage sera fait comme nous l'indiquons plus bas. Enfin, et nous touchons ici à des intérêts multiples et opposés, comment procédera-t-on à la rencontre du canal maritime avec une rivière et surtout avec un canal d'eau douce? La réponse ne nous embarrassera pas; il s'agit avant tout d'une entreprise non seulement nationale, mais internationale, dont la marche ne souffre partout aucune interruption dans l'intérêt du Trésor. D'abord les canaux d'eau douce pourront être rachetés, et les rivières appartiennent à l'État; malgré les besoins d'eau douce pour les riverains placés auprès de la jonction, les exigences de leurs industries, fabriques, usines, moutures, etc., et leurs réclamations et demandes d'indemnités, on passera outre, en leur donnant de l'eau par de nouveaux conduits, si l'on n'aime mieux donner l'argent après arbitrage, et puis le mélange des eaux salées avec les eaux douces aura lieu dans un rayon restreint, et non en tout temps, par suite de la fermeture des écluses du canal d'eau douce à certains moments de chaque jour, suivant règlement, et leur fermeture pour une quinzaine de jours ou même un mois, à l'époque du curage et des réparations qui les concernent chaque année (voir pl. XI); pour les besoins alimentaires, de même qu'il y aura des fontaines et réservoirs d'eau douce aux points de jonction pour que les équipages des navires en passage viennent y faire aiguade, de même l'État par d'autres conduits pourra non seulement en fournir gratis aux riverains voisins, mais encore, moyennant concession annuelle et tribut financier, aux villes et bourgades qui seront proches, comme il aura aussi à le faire à ses frais, non seulement dans les ateliers placés le long du canal maritime pour les constructions d'écluses, de remorqueurs, etc., mais encore dans les retraites que nous indiquons (planche II) (retraites nécessaires pour le garage des trains venant en divers sens, que des surveillants du jour signaleront par des signaux, que le télégraphe donnera en temps, et suivant leur direction, aux surveillants des souterrains et du jour, chargés d'avertir suivant le signal électrique les pilotes en tête de chaque remorqueur des convois), afin qu'on puisse s'en ravitailler également, en tout temps, à chaque stationnement. S'il manquait d'eau douce sur ces points, on pourrait distiller l'eau de mer d'après les appareils de Rochon et d'autres meilleurs; il en serait de même pour les bras de canal où les bateaux dragueurs de forte dimension et en fer, dont nous donnons le modèle, seraient remisés pour les curages à faire en temps calculé, au moment où il y a moins de navires signalés et prêts à faire les traversées (voir pl. VIII).

CHAPITRE III

DU CONGRÈS ET DU CONTRAT INTERNATIONAUX

Créer des canaux maritimes dans un seul État de l'Europe ne suffirait pas au but auquel on les destine. Il faut une œuvre générale pour arriver à multiplier les relations, augmenter le rapport des États, par un tout homogène donner de nouvelles forces au progrès, au travail général; et par ces forces, ce travail, trouver de quoi alimenter les budgets et augmenter par les produits la fortune publique, en assurant l'ordre et la paix. Aussi appelons-nous l'attention des Gouvernements des nations où ces canaux maritimes doivent passer et qui doivent évidemment être la propriété de l'État, vu leur importance en tous genres, et demandons leur sollicitude, afin de relier les peuples du Midi entre eux par les rapports commerciaux les plus étendus et les plus suivis. Grâce aux doctrines libérales et modérées, à l'esprit conservateur des Gouvernements, aux lumières saines des législateurs, à l'aspiration patiente et naturelle de leurs peuples, tendant aux conquêtes pacifique du progrès, nous espérons que nos projets suscités par l'amour du bien et de l'humanité seront accueillis avec faveur, examinés, étudiés, mûris, donneront naissance à une entente entre les nations intéressées à leur exécution, et qui, pour le triomphe du bon sens, l'amélioration des destinées de la patrie, l'accroissement du travail, l'aisance et le bien-être relatif parmi les masses plus éclairées, plus instruites, l'assurance de la concorde par l'union des intérêts, doivent comme nous désirer leur réussite.

Dans cette conviction, nous espérons avec raison cette entente réciproque des nations auxquelles nous faisons hommage de notre travail, qui les concerne à un si haut degré, et qu'elle pourra se faire sincèrement sans trop tarder; nous espérons que l'on verra les peuples alliés enfin pour la première fois par la force et la similitude des intérêts les plus puissants, sans distinction des formes constitutionnelles des États, dans leur bon sens s'unir à la bonne volonté des gouvernants, fournir à nos projets ce qui est aussi indispensable que l'argent pour les faire réussir, une volonté indomptable, un concours continu qui leur donneront une force d'impulsion assurant leur étude sérieuse et leur accomplissement par tous les moyens scientifiques pratiques et financiers les plus efficaces, les plus énergiques des temps modernes, et de la science nouvelle.

Nous avons foi dans cette sollicitude des souverains, des chefs d'État, des législateurs pour les intérêts des peuples et la grandeur des nations dont ils ont déjà donné des preuves éclatantes; puissent-ils en donner de nouvelles en ce qui regarde nos projets, établir des com-

2

missions savantes qui étudieront le travail, les devis, les dépenses, et par leur concours spécial pousseront mieux que nous les difficultés de tous genres jusqu'aux dernières précisions. Puisse, pour les examiner ensuite et les adopter, un congrès international, où seront appelées les nations et les principautés intéressées, être institué, pour débattre définitivement et conclure une commune alliance, une fédération d'ordre universel et pacifique, établir les droits de chacun, entendre, adopter les rapports sur les projets, devis de dépenses, modes d'installation, de parcours, de percement, de construction, de largeur, de hauteur, de profondeur, d'épaisseur, sur les modèles et types en tous genres, sur les services fiscaux administratifs, d'ordre, de sécurité, de continuité, sur les ports, docks, écluses à établir le long des parcours et aux points de jonction, sur les règlements identiques, uniformes, pour les tarifs sur les marchandises des navires suivant leur poids, leur nature, la longueur kilométrique des parcours, fonder un code spécial et commercial avec ou sans la caution *judicatum solvi* en cas de contestations, enfin prévoir tous les autres cas, établir solidement l'ordre et la promptitude surtout dans les chargements, déchargements, remorquages, curages, alimentation, dragage, administration, surveillance et contrôle, éclairage, ventilation, et par un traité de commerce et d' échanges identiques pour tous, suivant les lois usuelles qui régissent la matière, établir un heureux équilibre, donner solennellement une sanction définitive à l'entreprise, et amener son succès certain.

CHAPITRE IV

EXÉCUTION DES TRAVAUX

Dès que les Hautes Parties contractantes se seraient ainsi mises d'accord, et que le traité international aurait été ratifié par les Chambres et Cours des États divers, assurant un budget régulier et annuel à l'œuvre, les travaux pourraient commencer suivant les devis, plans, modèles et types unanimement et uniformément adoptés, se suivre rapidement dans chaque État sur le plus grand nombre de points possibles à la fois; ils seraient faits à l'entreprise avec forfaits et dédits sévères, et sous la surveillance d'ingénieurs compétents dans les divers genres, aidés de surveillants, de conducteurs de travaux, de contrôleurs non moins spéciaux et non moins capables. De nombreux ouvriers seraient embrigadés dans chaque partie des constructions; une moitié travaillerait le jour, l'autre la nuit à la lumière électrique; une marche identique, économique et correcte, serait communément suivie et commencerait cette unité internationale, cette régularité générale qui doit présider à l'exploitation plus tard. Ces ouvriers seraient payés tous les quinze jours. Les travaux se diviseraient : 1° en études préalables : sondages, reconnaissances, arpentages, tracés; 2° en terrassements, perforations par le procédé connu donné par nous (voir pl. IV), extraction de la roche par les moyens les plus énergiques; 3° en transports des pierres et des terrains faits de même très rapidement (voir pl. III), en pilotis, nivellements, desséchements; 4° en bétonnage après creusement et nivellement; 5° en constructions des canaux, des bâtiments, ports, docks, magasins, ponts, siphons, etc., avec des matériaux et du ciment de premier choix; 6° en charpentage des bâtiments en général, y compris les ateliers; 7° en puits artésiens et d'aérage, abris et ventilateurs; 8° en établissement d'écluses, machines; 9° en achat de remorqueurs, dragueurs; 10° en élévation de passerelles, turbines, vannes pour les réservoirs dans le canal (voir pl. III, V, VII); 11° en ameublement des divers bâtiments, appareillement des magasins, docks, hangars, vaisseaux remorqueurs, dont la lumière électrique sera toujours égale, installations de tous genres, poses de tous les appareils; 12° en approvisionnements des matières et des objets indispensables ; 13° en achat du combustible et autres ingrédients et métaux. La comptabilité, qui aurait ainsi que l'Administration un siège central dans chaque État, serait établie dans la même méthode que celle adoptée par les compagnies de chemins de fer et aurait ses bureaux construits de distance en distance. Pour le plan du canal maritime même, il serait, comme nous l'avons dit, ouvert sur la mer par trois bras se réunissant en un seul après les premières écluses à établir pour éviter l'ensablement et le vide dans le canal à chaque marée basse; ces trois bras (voir pl. X) seraient précédés en rade, pour éviter l'empierrement de leur entrée, de trois îlots de roches avec phare de petite dimension; des ports indépendants du canal se trouveront des deux côtés pour les navires devant faire le parcours et ceux qui l'ont fait; ces ports, comme on voit, sont munis de machines à mâter et démâter, de grues à vapeur dont deux sont destinées à la fois aux rapides chargements et déchargements, etc. Les rives du canal seront partout perreyées et suffisamment élevées pour empêcher le remous, causé au passage des convois remorqués, d'épancher l'eau au dehors. A chaque coin ou tournant, aux points de jonction, seront des réservoirs d'eau douce, des abris pour les surveillants (voir pl. XI).

Pour l'entretien et les réparations, l'État, au lieu d'entretenir des ouvriers maçons, donnerait tous ces travaux à l'entreprise, avec délais fixés pour leur exécution; ils seraient accomplis dans les parties souterraines, à la lumière électrique, doublement surveillés et poussés, afin de ne pas retarder le passage des convois.

A l'entrée des ports sur l'Océan, on n'oubliera pas non plus de construire : 1° des abris pour les hommes des bateaux de sauvetage; 2° des sémaphores pour les signaux; 3° des bureaux de télégraphie électrique (voir pl. III, IV, VI et X); 4° surtout des retraites dans des souterrains (voir pl. IV), ou garages; 5° les conduits versant le trop-plein des ports voisins du canal dans le canal même (voir pl. X); 6° principalement les travaux de maçonnerie destinés à recevoir les écluses de rechange quand les autres auraient besoin d'être remplacées; 7° les barrages partout où l'on jugera utile d'en établir.

CHAPITRE V

DE L'EXPLOITATION

Les travaux terminés et reçus dans chaque pays, la grande navigation internationale régie dans le même ordre partout, suivant les mêmes statuts et le traité général, l'exploitation commencera en même temps dans tous ces pays traversés; pour faciliter, activer sa marche, des remorqueurs placés dans des retraites le long du canal maritime tant dans les souterrains où sont ces retraites pour garages de même largeur, que dans les parties sans voûtes et à l'air, se relayant d'une manière égale, rapide et ponctuelle, ne laisseront d'abord pas perdre de temps aux navires de traversée, et la manœuvre des écluses sera faite d'après les systèmes déjà indiqués et des plus expéditifs. De sorte que tout navire arrivé au port sur l'Océan ou la Méditerranée, après avoir pris son inscription et son numéro d'ordre, accompli les formalités d'usage, payé les droits qui lui incombent, pourra du port entrer dans le canal maritime après s'être fait démâter, suivre, avec les navires désignés par leur ordre d'arrivée et tous du même type que lui invariablement, le parcours partiel ou entier; si le parcours est entier, il attendra (si c'est sur l'Océan qu'il doit déboucher et si la mer est basse), dans le chenal, que la mer soit haute; de même il restera, le long de ce parcours, à des distances habilement calculées, dans les retraites ou garages, jusqu'à ce que le convoi signalé soit passé, pour être traîné de nouveau et ainsi de suite rapidement malgré les écluses, qui seront en moins grand nombre possible et manœuvrées avec le plus de promptitude, jusqu'au port de destination où il trouvera des grues à vapeur chargeant ou déchargeant en très peu de temps (voir pl. VIII). Ce navire, comme nous l'avons dit, d'un type uniforme en fer, à vapeur, et spécialement marchand, aura dans ses étages cloisonnés un système de voies en fer fait pour recevoir (voir même planche) des wagonnets, facilitant ainsi et abrégeant les opérations, et permettant d'expédier mieux et plus rapidement par les deux espèces de voies. Ce type serait à peu près (voir pl. VIII), d'après notre donnée, de la force d'un brick, aurait deux cabines ou dunettes à chaque extrémité, deux écoutilles, et la machine de force relative et de tant de chevaux au milieu; près d'elle, le mât. Les dunettes ou cabines seraient destinées au logement de l'équipage et à la cuisine, les écoutilles pour être chargées ou déchargées simultanément comme nous l'avons dit par deux grues à vapeur.

D'après les règlements, l'ordre le plus sévère serait maintenu à bord pendant la traversée surtout dans les souterrains. Nul marin ne pourrait sous aucun prétexte descendre à terre, ou sur les quais dans les parties voûtées; l'aiguade et les approvisionnements, les descentes à terre se feront pour un temps très court aux points de jonction, aux retraites pour les remorqueurs, dans les villes où l'on passe; des dommages-intérêts seront payés à l'État comme aux navires si l'équipage de l'un d'eux se trouvait en défaut à ce sujet, et de même s'il était cause d'un accident ou d'un autre retard dans la marche du convoi. Les matières explosibles à bord seraient totalement interdites. Pendant l'hiver, si les canaux sont gelés, des appareils mus par une locomotive fonctionneront pour briser la glace, le plus activement (voir pl. VI) et sans occasionner trop de retard aux convois, comme nous l'avons dit.

Quant à l'ordre dans les autres branches de l'exploitation, telles que l'entretien des administrations, la comptabilité, le contrôle, la répartition du travail, les bureaux de recette et de payement, les ateliers, etc., on ne saura trop apporter de soins pour le fonctionnement actif et parfait de ces services. Un système d'encouragement bien compris pourra y être mis en vigueur comme dans nos grandes compagnies françaises; celui des salaires sera uniforme dans tous les pays unis dans la grande entreprise, engageant les intérêts de la nation, destinée dans un autre ordre de voies commerciales à donner une vie nouvelle partout où elles passent, et à en assurer la durée pour le bonheur des populations riveraines et l'intérêt de l'État.

CHAPITRE VI

ÉCONOMIES ET RÉSULTATS

Les conséquences d'une exploitation si grande doivent être des plus profitables à tous les pays traversés par l'accroissement des trafics et la création de canaux nouveaux d'eau douce venant relier les canaux maritimes; dans chaque État il y aura : 1° plus-value des terrains près des canaux; 2° augmentation de constructions par les agglomérations à certains points; 3° revenus en impôts; 4° il pourra se faire que l'on trouve des métaux, des marbres, des pierres, et des concessions pour les exploiter seront accordées moyennant redevance; 5° de même inévitablement des sources d'eau servant au drainage pour les campagnes ou à l'alimentation des villes moyennant abonnement; 6° les torrents les riviérettes rencontrés serviront à fournir leur eau au canal, à faire fonctionner des moulins, à retourner ensuite au canal même (voir pl. IV et VII); 7° on pourra vendre, concéder des emplacements pour docks particuliers, usines, manufactures, magasins, débits, restaurants, etc., etc.; 8° permettre à des compagnies, moyennant redevance, d'établir dans les parties souterraines, où la roche sera dure et granitique, des chemins de fer, pour tramways et transports divers au-dessus du canal sans danger (voir pl. III); 9° autoriser par concession payée d'autres compagnies à en faire un latéral au canal maritime, sans communication avec lui, et au même niveau à peu près dans ces mêmes parties rocheuses (voir pl. IV); 10° autoriser aussi la création d'autres canaux d'eau douce rejoignant ce grand canal maritime, quand l'eau le permettra ; 11° faciliter et accroître la navigation rapide, partout, et empêcher de grands sinistres à cause du modèle moyen du navire type; 12° donner un accroissement notable dans les recettes de l'État par suite des taxes perçues sur les transports de marchandises suivant tarifs communs, le long du canal maritime (pour la France, on peut évaluer à 175,000,000 ou à 200,000,000 fr. le montant des sommes à percevoir, quand les deux canaux maritimes seront en activité); 13° enfin, profiter de l'économie du parcours ou du temps qui se traduit par de l'argent.

En effet, les navires évitant les détroits de Gibraltar, de Messine, de doubler la Sicile, les caps de Morée, les détroits des Dardanelles et de l'Hellespont, arriveront plus vite dans la mer Noire, desserviront plus de ports, de contrées, de nations, et pour ceux qui viennent en sens opposé, ou de Suez, de Syrie, d'Asie Mineure, il y aura même avantage que pour ceux venant de l'Angleterre, soit qu'ils passent par Ancône et l'Italie, soit qu'ils passent du golfe de Tarente à celui de Naples par le second canal maritime italien.

Ce n'est pas tout, les isthmes de Pérécop et de Corinthe pourront être percés, et raccourrir encore les distances pour certains parcours et voyages, par exemple : 1° un canal maritime de Granville à Paris; 2° des canaux de la Seine à la Loire; 3° un canal latéral à l'Adour; 4° celui de Florence à la Nera en ligne directe; 5° celui de la mer d'Aral, pourront être créés, ainsi que de nouveaux ports, sans nuire à la spécialité d'autres plus grands, conséquence de nos projets s'ils étaient adoptés et exécutés; et pour la réciprocité des échanges, l'extension du commerce, le développement du capital, du travail et de la propriété, doublant ainsi, par l'identité des intérêts, la sécurité des États et la fortune des nations.

Ce sont là des bienfaits dont la réalisation doit plaire à tous les souverains, gouvernants, chefs d'État, législateurs, qui ont déjà pris la civilisation et le progrès sous leur haute protection, et prouvé par des œuvres éclatantes que, de même que Dieu a tout fait sur la terre pour le bonheur des hommes, améliorer leur condition par le travail, comme il se rencontre précisément pour nos projets, dans la position des nations, des races, des mers, des terres et des fleuves, ils doivent dans leur mission travailler au progrès, protéger des projets faits pour le développer, résoudre d'une manière pacifique, heureuse et durable la solution des problèmes sociaux, en rejetant avec raison les vains préjugés, en apaisant les partis, en établissant la vérité, l'unité, la concorde partout et toujours, et en assurant les destinées heureuses des peuples assurer aussi leurs destinées dynastiques, politiques, bienfaisantes et glorieuses.

Paris. — A. Quantin imprimeur, 7, rue Saint-Benoît.

Planche III.

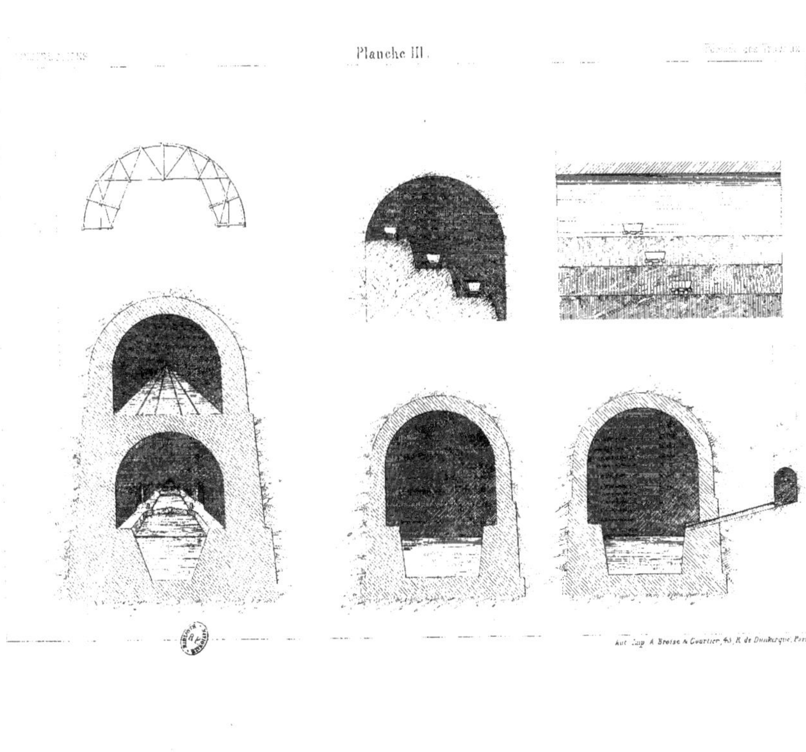

Aut. Imp. A. Broise & Courtier, 43, R. de Dunkerque, Paris.

Planche IV.

Lit. Imp. A. Bresse & Courtier, 43 R. de Dunkerque, Paris

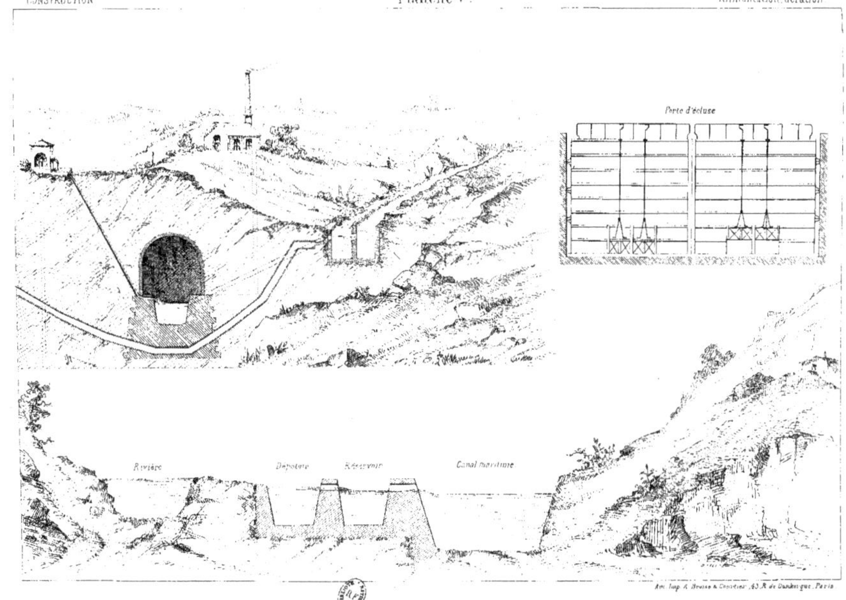

Ant. Imp. A. Brosse & Courtier, 43 R. de Dunkerque, Paris

Planche VI.

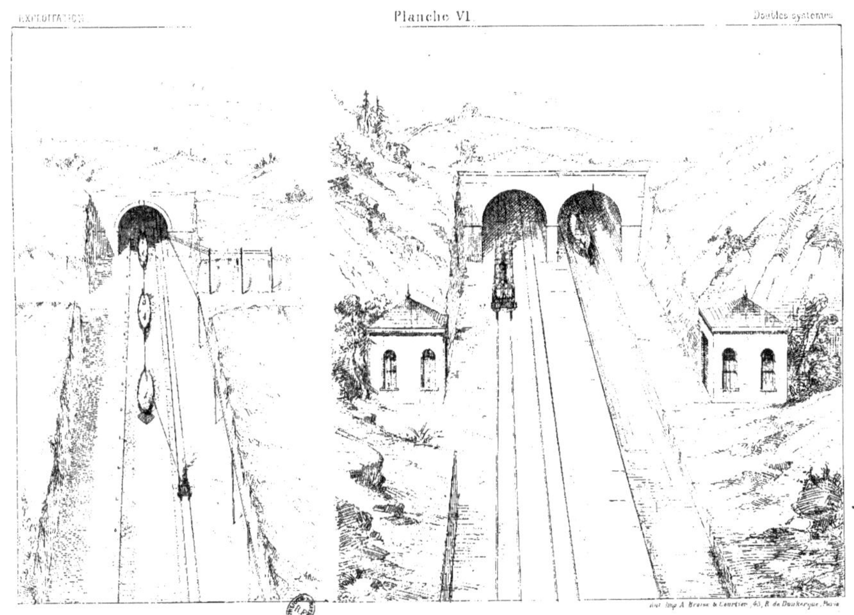

Aut. Imp. A. Broise & Courtier, 43, R. de Dunkerque, Paris

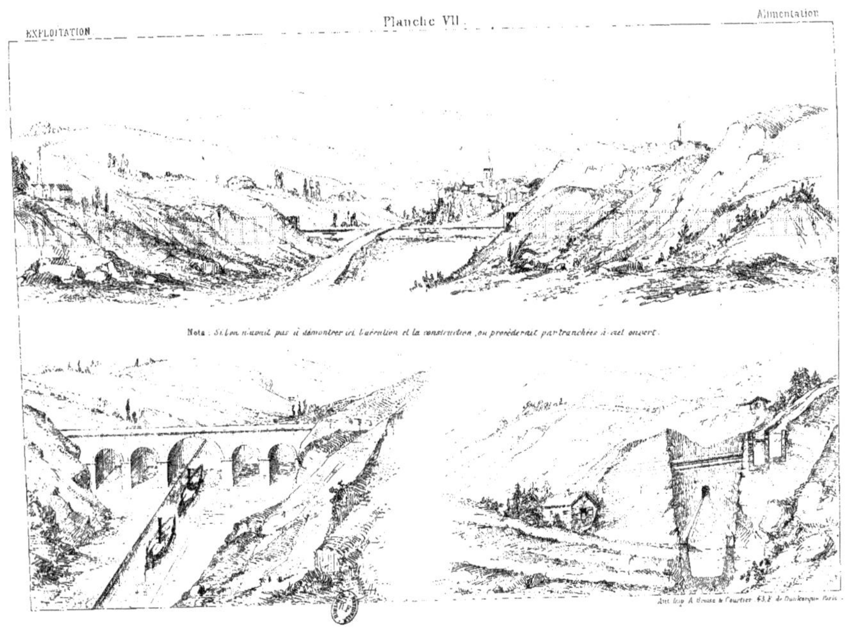

Nota : Si l'on n'avait pas à démontrer ici l'érection et la construction, on procéderait par tranchées à ciel ouvert.

Art. Imp. A. Bouasse & Courtier. 43, R. de Dunkerque. Paris.

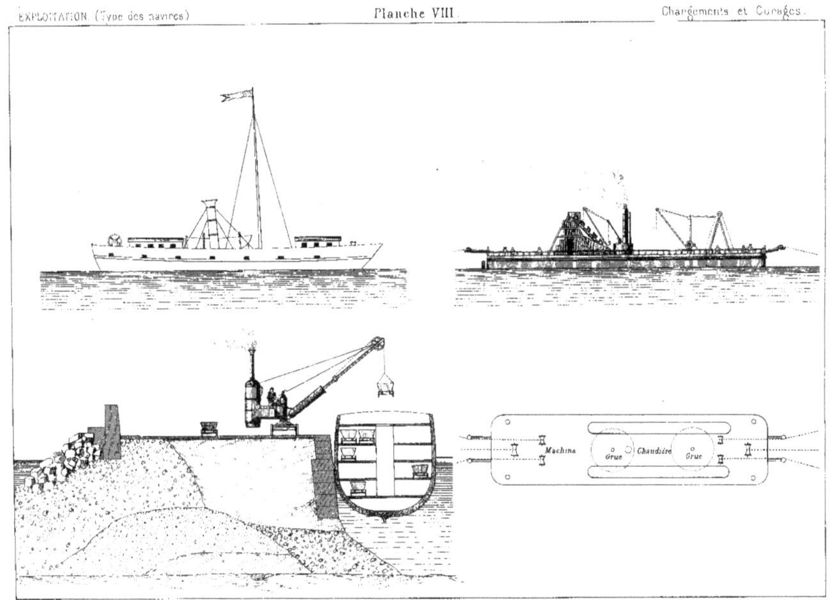
EXPLOITATION (Type des navires)
Planche VIII
Chargements et Curages.
Machine
Grue
Chaudière
Grue
Autᵗ Imp. A. Broise & Courtier 43, R. de Dunkerque. Paris

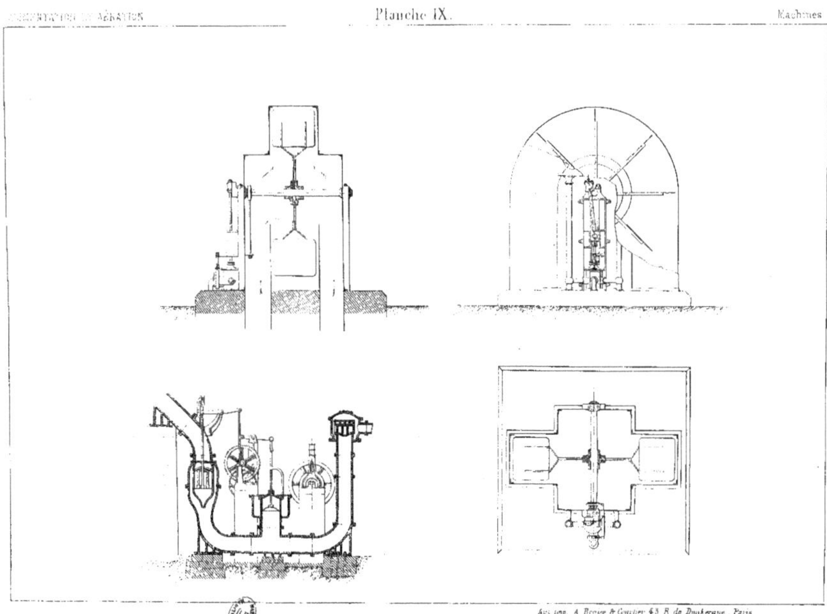

Anc. imp. A. Broise & Courtier 43 R. de Dunkerque. Paris

Planche X.

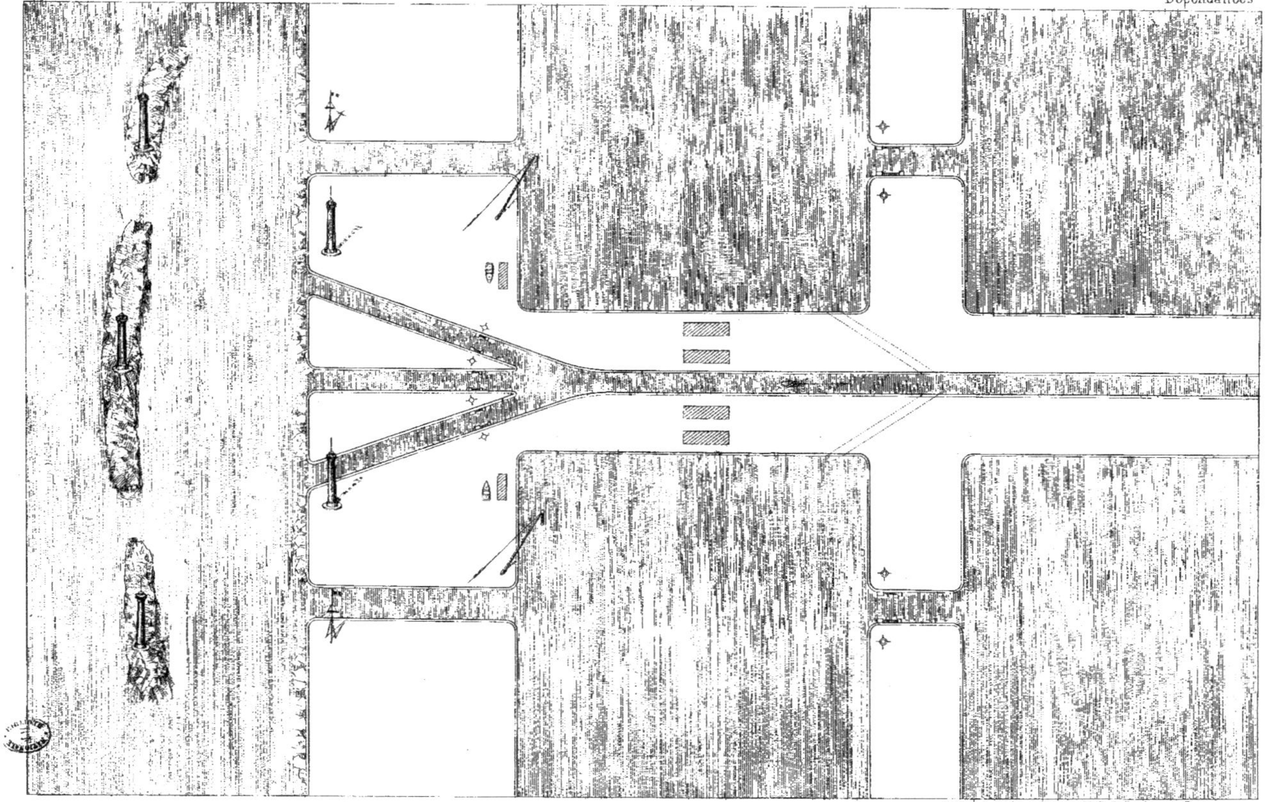

Aut. Imp. A. Broise & Courtier, 43, R. de Dunkerque, Paris.

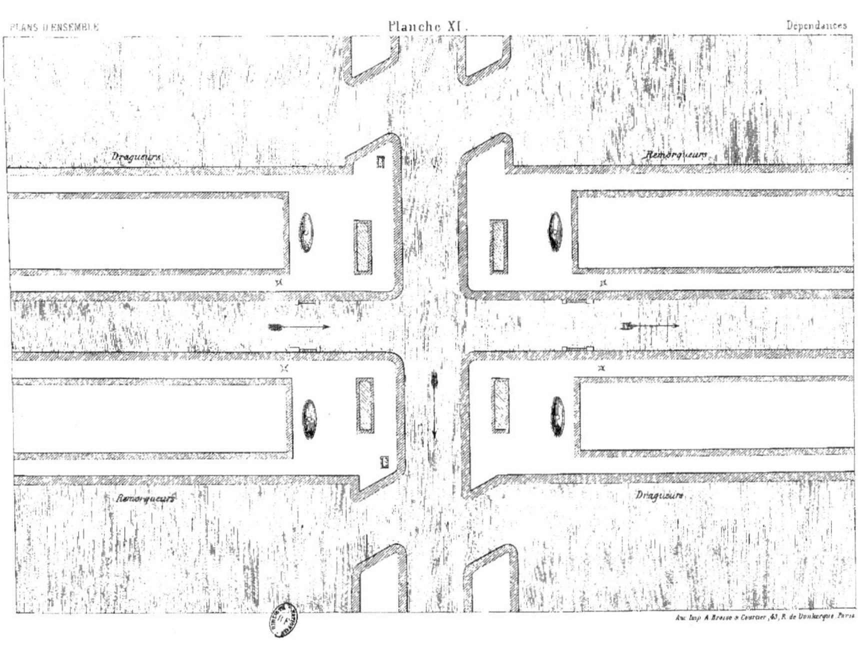

Aut. Imp. A. Bresse & Courtier, 43, R. de Dunkerque, Paris

PLAN D'ENSEMBLE

Planche XII.

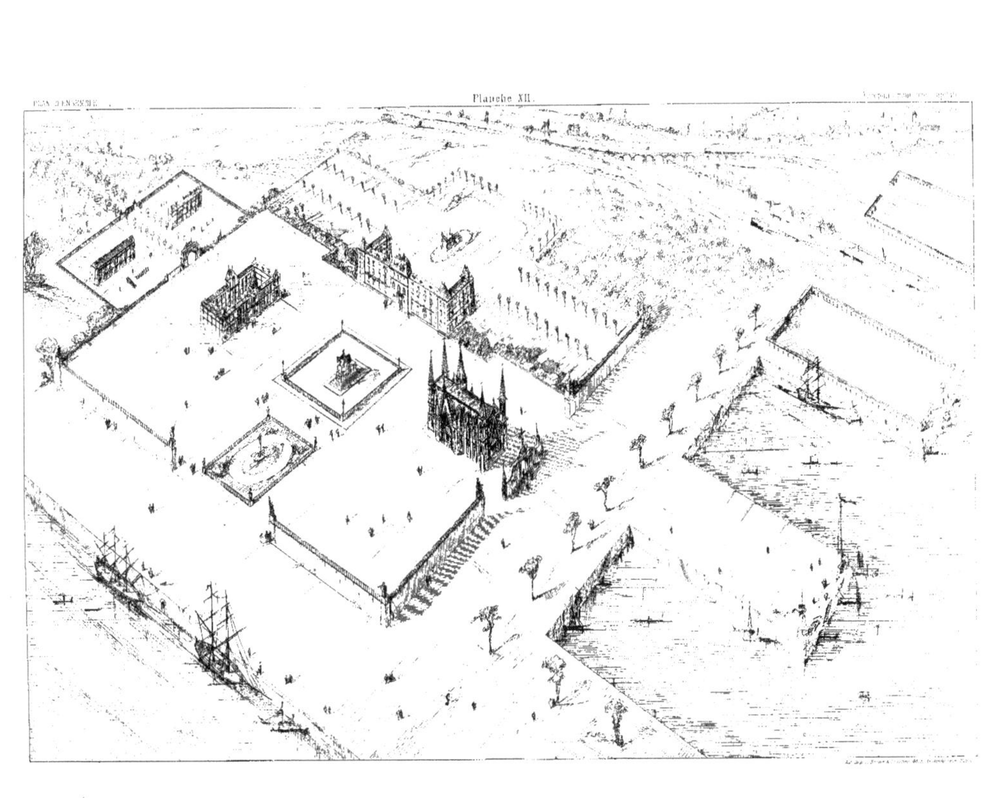

www.ingramcontent.com/pod-product-compliance
Ingram Content Group UK Ltd.
Pitfield, Milton Keynes, MK11 3LW, UK
UKHW020954220726
13924UKWH00002B/696

9 782019 294328